Für Katja, Bärbel und Thomas (1959–1984)

KARLHEINZ DESCHNER

Ärgernisse

APHORISMEN

Aufklärung ist Ärgernis; wer die Welt erhellt,
macht ihren Dreck deutlicher.

ROWOHLT

1. Auflage April 1994

Umschlagfoto Mauritius-Westlight
Gesetzt aus der Garamond bei
LibroSatz, Kriftel
Druck und Bindung Clausen & Bosse, Leck
Printed in Germany
ISBN 3 498 01301 7

Einige Aphorismen sind mit freundlicher Genehmigung des Lenos Verlages, Basel, dem Band «Nur Lebendiges schwimmt gegen den Strom» entnommen.

INHALT

GEIST UND KUNST

Aphorismen schreiben heißt auf die Sprünge helfen oder Beine machen.

Ein Aphorismus ist der Versuch, schon den Ton als Konzert auszugeben.

*

Denken heißt vergleichen.

Ein Kopf denkt nie allein.

Was ist Langeweile, die Denken vertreiben kann, neben der, die durch Denken entsteht.

Oft braucht man viele Gedanken, um einen nicht zu haben; oft viele, um einen haben zu können.

Wer wenig denkt, meint Leonardo, irrt viel. Doch irrt, wer viel denkt, nicht oft viel mehr?

Ihre Stirn bieten viele, doch was dahinter!

Denken – manchmal auch eine Art Jagd; einer verfolgt den Gedanken, der andre den, der ihn hat.

Wenn man gewisse Gedanken nicht mit dem Kopf bezahlt, sollten sie's wenigstens wert sein, damit bezahlt zu werden.

Alles tiefe Denken entspringt dem Zweifel und endet darin.

Denken heißt in Zweifeln sterben.

*

Wissen stimmt melancholisch. Ob Geist nicht mehr tötet als lebendig macht?

Wissenschaft: nicht nur der Friedhof toter Gedanken, auch ein Terrain ohne Frieden; Spielwiese – und Schlachtfeld.

*

Wer Skepsis haßt, hat Grund, die Wahrheit zu fürchten.

Auch wenn, nach Goya, der Schlaf der Vernunft Ungeheuer gebiert – wo nur Vernunft herrscht und nichts als Vernunft, herrscht auch Vernunft nicht mehr.

Erkenntnisse mehren oft unsere Unruhe, das Erkennen beruhigt.

Die großen Wahrheiten, die immer in der Luft liegen, können kaum sehr gewichtig sein.

*

Zur Korrektur Hegels: Je vernünftiger man die Welt anschaut, desto unvernünftiger schaut sie zurück.

Ein gewisses Maß an Philosophie ist nötig, um zu wissen, daß man auf sie verzichten kann.

*

Weisheit? Resignation; feiler Konformismus. Das bloße Sichabfinden mit dem, was ist. Die Bejahung von allem trotz allem. Ich hasse Weisheit.

Weise sind Kluge, die wissen, wann sie wegschauen müssen.

Geist ist imitierbar, Mut nicht.

*

Ironie, Wetterleuchten der Schwermut.

Ironie ist unglückliche Liebe zum Leben; der Versuch des Kopfes, sich des Herzens zu erwehren.

Es ist schwer, erfahren zu sein, ohne zynisch zu werden.

*

Ziel der Schule: jedem zu ermöglichen, immer so dumm zu bleiben, wie ihn die Schule gemacht hat.

Wo steckt denn im «Lehrkörper» die Seele?

Man darf Ignoranten ignorieren, nie die Ignoranz.

*

Es ist leicht, eine fremde Sprache zu sprechen, schwer eine eigne.

Den Stil verbessern heißt nicht nur den Gedanken verbessern, sondern sich selbst.

Originalität? Mut zu sich selbst – falls es lohnt.

*

Kunst spart aus; Kitsch verstopft die Seele.

Kunst ist, was übrigbleibt, ohne zu altern.

Daß Kunst überall ihr Brot finde, ist das Wort eines Kaisers.

Künstler bezahlen, was viele empfangen; Politiker empfangen, was viele bezahlen.

Niemand ist stolzer auf ein Genie als die Nachkommen derer, die es kaputtgehen ließen.

Größe – nach dem Tod lebendiger sein als vorher.

*

Es gibt zwei Arten von Literatur: eine junge und eine, die jung bleibt.

Auf lange Sicht nützt das Feilen der Sätze nicht mehr als das Feilen der Nägel. Auch Worte sind keine ewige Währung, auch Worte verwittern – und Ruhm ist nur ein langes, langes Sterben . . .

Berühmte sind Leute, die man etwas später vergißt.

Ob selbst das schönste Buch den Wald aufwiegt, der dafür stirbt?

*

Schriftsteller: ehrgeiziger Ausbeuter, der seine Ein- und Ausfälle auf Kosten des Verlegers drucken läßt, was ihn reich, den Verleger arm macht und die Buchhändler an den Bettelstab bringt.

Je mehr Feinde ein Schriftsteller hat, desto notwendiger ist er gewöhnlich.

Am häufigsten wird das Publikum von literarischen Platzpatronen getroffen – und oft mitten ins Herz.

Es gibt Poeten, die sich selbst auf Händen tragen: unterwegs zu Sternen und beflügelt wie ein Mastschwein.

Keiner schreibt, daß er nichts zu sagen hat; doch die meisten, die schreiben, sagen nichts als das.

Aus den Mysterien der Wälder machen wir Papier, um darauf unsre Plattheit zu verewigen.

Kein Wunder, daß ihm alles gelang: ein Zwerg mit einem Buckel, ein Sonntagskind, ein Professor, der bekannte, viel weniger gelesen als gedacht zu haben. Kein zweiter hier schrieb so beschwingt und tief zugleich, und klagte doch, selbst als Schreibender gehen zu müssen, «wie mich leider! Gott geschaffen hat».

O hätten alle, die gute Werke *geschrieben* haben, die Hälfte von diesem Guten *getan*, es stünde besser um die Welt. – Ich liebe diesen Satz von Kleist. Doch haben alle, die gute Werke geschrieben, auch gute Werke getan.

Kafka: Er hatte sich eingeigelt – die Stacheln nach innen.

Böll hatte Tugenden, die zum großen Autor gehören, ohne einer zu sein.

*

Kritiker leben vom Blut ihrer Opfer.

Rücksichtslos, das ist Voraussetzung gerechter Kritik; rücksichtsvoll ihr Fiasko.

Goethes Hohn, die Kritik verfolge die Autoren, aber hinkend, ignoriert, daß viele Autoren hinken, doch nicht alle Kritiker.

Schweigen ist eine Form der Kritik, die sich schwer zu Papier bringen läßt.

*

Die Formel wird uns sprachlos machen.

MENSCH UND LEBEN

Mensch: heruntergekommenes Tier.

Ein Mensch ist wichtiger als seine Meinung.

Beim Betrachten eines Menschen begeht man oft den Fehler, daß man für Maske hält, was sein Gesicht ist.

Zum Menschsein gehört viel Konjunktivisches.

Ich glaube nicht, daß ein Mensch gewöhnlich schlecht ist; ich glaube nur, daß er gewöhnlich schlechter ist als er glaubt.

Warum denkt man bei dem Satz, einer sei zu allem fähig, stets an das Schlimmste?

Erstaunlich, wie vieles sich verständigt, ohne Verstand zu haben, und wie viele Verstand haben, ohne sich verständigen zu können.

*

Als letztes eines Buchs schreibt man das Vorwort. Im Leben aber wird das Vorwort zuerst geschrieben, geht überhaupt alles der Reihe nach. Man kann verbessern, nicht ungeschehen machen. Fehler bleiben, Versäumnisse werden nicht nachgeholt oder verspätet. Jede Art Zufälle, kaum Höhepunkte, keine Steigerung bis zum Schluß. Im Gegenteil. Und nicht erst jetzt bricht die Regie zusammen.

Hiersein heißt lebenslänglich.

Nicht nur wie wir uns schicken, ist unser Schicksal, auch wie wir geschickt werden. Von vorn beginnt das Leben nicht einmal bei der Geburt.

«Das Leben ist ein seltsames Zwischenspiel» (Stanisław Lec), klingt sehr optimistisch.

«Ein bißchen gesunder Menschenverstand, ein bißchen Toleranz, ein bißchen Humor – wie behaglich es sich dann auf diesem Planeten leben läßt.» Vorausgesetzt, Mr. Maugham, es kommt noch ein bißchen Gesundheit dazu, ein bißchen Liebe, ein bißchen Geld und noch so ein bißchen von diesem und jenem.

Leben – Vernichtungsschläge. Und Pyrrhussiege. Am schönsten füllt das Leben eine Lebenslüge aus.

Im Kopf wird die Welt einsam.

*

Natürlich ist jede Situation, wie Emerson sagt, der verlängerte Schatten des Menschen. Aber auch die anderer Schatten; sogar jener, die niemand sieht – nicht einmal ihr Opfer.

Je mehr man verarbeitet hat, desto seltener hört man noch hin.

Ein schlechtes Gedächtnis ist noch kein schlechter Verstand: man weiß allmählich, worauf es ankommt – und schenkt sich den Rest.

Wer leben will, muß vergessen können.

Es gibt eine Art des Vergessens, die das Vergessene uns anverwandelt wie eine zweite Haut.

Was man sich selbst nicht verzeiht, ist tödlich.

Wer daran leidet, unter seinem Niveau zu bleiben, rächt sich oft ein Leben lang dafür.

Keiner ist davor sicher, sich mit dem zu verwechseln, für den er sich hält.

Ein paar Wahrheiten muß man sagen, um leben zu können; ein paar verschweigen aus demselben Grund.

Ob bei manchen die Angst, ganz verstanden zu werden, nicht größer ist als die vor jedem Mißverständnis?

«Schwachheiten schaden uns nicht mehr, sobald wir sie kennen.» Hier irrt Lichtenberg.

Daß des Menschen Wille sein Himmelreich sei, habe ich nicht öfter wahr gefunden als das Gegenteil.

Die häufigste unserer Entscheidungen ist die Entscheidung, uns nicht zu entscheiden.

Wir sind alle so frei wie der Schauspieler im Stück.

Im Grunde geschieht alles im Leben so freiwillig wie unsere Geburt.

Willensfreiheit: die Wahl zu atmen oder zu ersticken.

*

Man muß sehr wach sein, um gut träumen zu können. Auch beim Luftschloß kommt es auf den Architekten an.

Nicht nur jede Sprache hat ihr eignes Schweigen, jedes Schweigen hat auch seine eigne Sprache.

Mancher Uhu meint, die Nacht komme seinetwegen.

Auf der Pappelspitze kriegt selbst die Blattlaus Größenwahn.

Nur nicht auf den Leim, dachte die Fliege und flog der Schwalbe in den Schlund.

Wer über den Berg ist – geht abwärts.

Wer alles berechnet, verrechnet sich.

Wer beleidigt, braucht nicht unrecht haben; es gibt Köpfe, denen man erst Verstand liefern müßte, um sie überzeugen zu können.

Tritt den Leuten nicht auf die Füße, wenn du sie vor den Kopf stoßen kannst.

Verachtung ist ein Haß, der sich verwurzelt hat.

Allzu scharf macht schartig.

Vorsicht – auf einer Kugel ist alles abschüssig!

*

Liebe: an jemand denken, ohne nachzudenken.

Jeder Liebende hat etwas von einem blinden Seher an sich.

Liebe ist die Willenskraft der Träumer.

Wo Liebe nur mitspielt, hat sie schon verloren; wo sie alles ist, auch.

Die Liebe gar nicht gelten lassen oder nichts gelten lassen als sie, ist gleich grauenhaft.

Auch von der Liebe gilt, was Goethe von der Wissenschaft sagt: in ihr ist viel Gewisses, sobald man sich von den Ausnahmen nicht irremachen läßt und die Probleme zu ehren weiß.

Liebe ist auch: unter einer Decke stecken, eine bettlägerige Geschichte, ein musikalisches Kammerstück.

Liebe ist ein Berührungszwang. Manchmal begreift die Haut mehr als der Kopf.

Liebe – das einzige Metier der Welt, in dem die Amateure besser sind als die Profis.

Nichts Schönres in der Liebe als leibeigen sein – vorausgesetzt, man ist es nicht allein.

Zum Schwierigsten einer langen Liebesbeziehung und zum Schönsten gehört es, seinen Hunger zu stillen, ohne den Appetit zu verlieren.

Große Leidenschaften brauchen ihre Windstille.

Liebe ist die kürzeste Entfernung zwischen zwei Menschen.

Lieben heißt dauernd wiederbeginnen.

Wer liebt, vergleicht nicht mehr.

Vielleicht ist Liebe nichts als ein Opiat gegen den Rest der Welt – eine Humanisierung der Hölle.

Daß am Anfang, wie Einstein sagt, jeder Gedanke der Liebe, später alle Liebe den Gedanken gehört, mag die Welt etwas heller machen, aber nicht wärmer.

Ich wüßte gern, ob alle Liebe zur Wahrheit je so viele Wunder schafft wie eine einzige wahre Liebe.

*

Zärtlichkeit ist das Träumen der Haut.

Lichtenberg: «Alles tun in *-eln* ist nicht viel wert, weder witz*eln* noch schwärm*eln*.» Und Streicheln . . .? Selbst im Streicheln steckt noch – der Streich.

Jede Liebe hat Durchlässigkeiten, fließende Grenzen, ihre vorderste Linie, wo man in Bereitschaft, im Kampf liegt – und überläuft.

Im Krieg der Liebe rettet häufig seine Haut am besten, wer als erster Fahnenflucht begeht.

Manche Liebe ist nichts als ein Irrtum in Waffen, eine Gier in Kriegsbemalung: unentwegte Aufbrüche und Abbrüche, Fehden und Friedensschlüsse, Aufgebote und Feuerpausen, Gefechte zwischen Begeisterung und Begeiferung, Umarmungen und Umgarnungen bis zum Fiasko. Schön ist die Liebe . . .

Liebestragödien auf der Bühne haben wenigstens Pausen.

Den Vorzug der Frau, immer erhören zu können, meint Kraus, habe ihr die Natur durch den Nachteil des Mannes verrammelt. Die Natur? Die Moral. Die des Mannes!

*

Ihre Art, ihm nahezukommen, ohne ihm nahe zu bleiben, begründete sie mit seiner, ihr nahe zu sein, ohne ihr nahezukommen.

Als sie erste Spuren des Älterwerdens zeigte, beschloß er, ihre Fältchen um die Augen rein ornamental zu sehn, etwa wie die feinen Risse auf einem Rembrandtbild.

Variante zu Lichtenberg: In Röcken sah sie immer so zerknittert aus wie ein Junge in Mädchenkleidern.

*

Ehe: einander anstarren wie über Kimme und Korn. Zusammenwachsen wie Kettenhund und Kette.

Die meisten Ehen sind Blindgänger oder Zeitzünder und dauern länger als beide Weltkriege zusammen.

«Wenn nachgewiesen werden könnte, daß eine glückliche Ehe nur um den Preis von tausend unglücklichen Ehen erkauft werden kann, wäre es noch ein Gewinn für die Menschheit, diesen Preis zu bezahlen» – was Frau Ebner-Eschenbach nicht zugunsten der Menschheit anpreist, sondern der Pfaffen.

*

Genießen und genießen lassen, ohne sich noch sonst jemand zu schaden, ist nicht, wie Chamfort glaubt, die ganze Moral, sondern ganz unmöglich.

Treue? Phantasielosigkeit. Untreue? Dasselbe.

*

Glück macht schamlos, Unglück verschämt.

Das Glück des Menschen hängt auch von Gedanken ab, die er nicht denkt.

*

«Höflichkeit ist die Blüte der Menschlichkeit. Wer nicht höflich genug ist, ist auch nicht menschlich genug.» Joubert irrt. Man kann unhöflich *und* hilfsbereit, höflich *und* barbarisch sein. Höflichkeit kommt, suspekt genug, von «Hof». Wegen seiner höflichen Kriegserklärung an Japan getadelt, sagte Churchill: «Wenn man jemand umbringen will, schadet es schließlich nicht, höflich zu sein.»

*

Reue: die sublimste Rache der Vergangenheit.

Resignation: der traurige Rest – wenn man sich nichts mehr vormacht und nichts mehr vormachen läßt; der Weisheit Schluß.

*

Kinder, das heißt heute Hochverrat.

Kinder sind künftige Gräber.

*

Es ist nicht so schwer, dem Ansturm des Lebens, aber schwer, seinem Rückzug zu widerstehn.

Es ist schwer, alt zu sein, wenn man noch jung ist.

Ein reifes Alter schmeckt wie faule Äpfel.

Schönste Lebenskunst, schwerste: altern ohne alt zu sein.

Kein beßres Mittel gegen Altern, als einfach keine Zeit dafür zu haben. Man kann im Alter noch vieles sein, fast alles, das Schlimmste aber, was man im Alter sein kann, ist nichts zu sein als alt.

Als er achtzig war, fragte ich Kurt Hiller, warum er so jung sei. Er schrie: «Der Haß hält mich jung!»

*

Mit genügend Abstand betrachtet, unterscheidet sich ein Mensch vom andern nicht anders als ein Wassertropfen vom andern im Meer.

Eine der häufigsten Krankheiten und schlimmsten, an denen man stirbt, ist ein Leben, das man nicht gelebt hat.

Wenn das Leben beginnt, hätte man Grund genug zur Angst, hat aber keine; wenn es endet, hat man Angst genug, aber keinen Grund.

Wer seinen Toten nicht treu ist, verrät auch die Lebenden.

Tote sterben, wenn man sie vergißt.

*

Grabsteinsprüche haben etwas Versteintes an sich.

Lügt manche Grabinschrift unser Lügenleben nicht noch in Grund und Boden hinein?

Die einzige Spur von Wahrheit auf einem Grabstein ist die Verwitterung.

Wenn man lang genug wartet, zeigt jeder Mensch einmal Rückgrat.

GESCHICHTE UND POLITIK

Der beste Beweis für die falsche Erziehung der Menschheit ist ihre Geschichte.

«Die Geschichte wiederholt sich nicht»; das wiederholt sich dauernd – wie die Geschichte.

Man muß die Geschichte kennen, um sie verachten zu können. Das Beste an ihr ist, daß sie vorübergeht.

*

Geschichtsschreibung: der Umsatz von Blut in Papier. Und von Papier in Blut. Schriebe man anders Geschichte, würde sie nicht anders gemacht?

Die meisten Historiker breiten den Dreck der Vergangenheit aus, als wäre er der Humus für künftige Paradiese.

W. Braunfels: «Pippin hat durch seine aquitanischen Kriege für Frankreich dasselbe geleistet, was Karl später durch die Sachsenkriege für Deutschland leisten sollte. Sie brachten der französischen wie der deutschen Nation die Einheit.» Und was brachte den beiden die Einheit? Noch tausend Jahre danach: 1870, 1914, 1939.

Spuren kleiner Verbrecher verfolgen Polizisten und Hunde; um die der großen dienern die Historiker.

Historiker – ein Hund, der mit den Wölfen heult. Ein rückwärtsgewandter Opportunist.

Wer Weltgeschichte nicht als Kriminalgeschichte schreibt, ist ihr Komplize.

*

Wer anders denkt als seine Zeit, muß nicht von gestern sein; wer denkt wie sie, ist es.

Wenn die Zeit den Atem anhält, steht ihr gewöhnlich auch der Verstand still.

Je mehr Menschen den Kopf verlieren, desto größer der historische Augenblick.

Je gläubiger man in die Zukunft blickt, desto weniger hat man sich in der Vergangenheit umgesehn.

Robert Walser: «Das Bisherige versperrt dem Kommenden den Weg.» Im Gegenteil. Es ist sein Wegbereiter. Wer prophezeien will, braucht nur zurückzuschauen.

Es gibt nie große Zeiten oder kleine – nur kleine Sprüche und große.

Ein Aufwiegler taugt manchmal mehr als alle Abwiegler zusammen.

*

Völker sind wie Kettenhunde, die von Freiheit träumen.

Völker sterben schneller unter den Schlagwörtern als die Schlagwörter unter den Völkern.

Führer wissen, wann Völker schlachtreif sind; Völker wissen dies von Führern selten.

Ich sage es ungern: wer sich beherrschen läßt, ist für mich schuldiger fast als wer herrscht.

Das Schweigen der Massen ist das Verbrechen, wofür sie büßen.

Politisch gesehen hat jedes Land schon für sich mehr Dummköpfe als die Welt verkraften kann.

Fehler, die ein ganzes Volk begeht, rechnet es sich gern als Tugend an.

Nichts ist entsetzlicher am heutigen Menschen, als daß er sich nicht mehr entsetzt.

Menschen, sagt Lec, begreifen alles erst in der nächsten Generation. Der Optimist!

*

Deutsche Denker. Denkende Deutsche? Geist in Deutschland? Weingeist, Sportsgeist, Korpsgeist, der Geist der Truppe, der Heilige Geist ... Gärt es in Deutschland, ist es selten mehr als die Hefe im Bier.

Beim Wort Revolution erstarrt Deutschland, bei der Mobilmachung wird es lebendig.

In Deutschland schätzt man Tradition; jedes Kriegerdenkmal stärkt die Zuversicht auf ein neues.

Die öffentliche Meinung konnte hier stets das Beste verhindern, aber noch nie das Schlimmste.

Im Deutschen schlagen sich sogar die Gedanken nieder. Oder sie schießen durch den Kopf.

Der Antipode dessen, der keinen Schuß Pulver taugt, ist in Deutschland der Mordskerl.

Das Gegenteil blutigen Ernstes ist für den Deutschen der Mordsspaß.

*

1992 zeigte in München ein Plakat einen riesigen Polizisten, der freundlich zwei Frauen an sich zieht. Unterschrift: «Unser Nachbar ist bei der Polizei. Das gefällt uns.» Ein Staat, der das nötig hat, ist nicht in Ordnung.

Jeder Staat beruht auf Macht, jede Macht auf Gewalt, und Gewalt, sagt Einstein, zieht stets moralisch Minderwertige an.

Staat: ein Riese, den Zwerge kommandieren; die unanständige Art weniger, auf Kosten aller zu leben.

Denkmal: oft zu spät gesteinigter Staatsmann, von Tauben beschissen.

*

In der Politik stimmt es immer wie beim Stimmen eines Orchesters.

Moderne Regierungen brauchen keine Hofnarren mehr.

Man kann Realpolitikern nicht mit Ethik kommen. Der Schlachter denkt an Schweine, sagen die Chinesen, wenn du zu ihm von Ideen sprichst.

Ideen sind bloß Kulissen auf der Bühne der Welt; vorn stirbt man dafür, dahinter lacht man darüber.

Politiker juckt es erst, wenn man sie kratzt.

Der politische Ausnahmezustand ist noch stets die Folge des Normalzustands gewesen.

Niemand richtet mehr öffentlichen Schaden an als jene, die schwören, ihn abzuwenden.

Eduard Spranger nennt Politik den Versuch, mit den Problemen der Masse fertig zu werden. Tatsächlich aber versucht Politik nur, mit der Masse fertig zu werden, nicht mit ihren Problemen.

Politik ist die Kunst, für viele möglichst wenig und für wenige möglichst viel zu tun.

Das Wort «Freikörperkultur» macht mich frösteln. Bei «politischer Kultur» drehe ich durch.

Politischer Moralbegriff: es darf nicht scharf geschrieben, doch scharf geschossen werden.

Die Diktatur der modernen Demokratie ist allgegenwärtig und lautlos wie der elektrische Strom.

Demokratie ist die Kunst, dem Volk im Namen des Volkes feierlich das Fell über die Ohren zu ziehn.

Man spricht gern von Problemen, «die Marx auch nicht löste» – um abzulenken von jenen, die er gelöst hat.

Schmiergeld heißt es, wenn die Wirtschaft den Politiker, Subvention, wenn der Politiker die Wirtschaft besticht – kurz: konzertierte Aktion.

Hinter dem Geschäft der Politik steht nichts als die Politik des Geschäfts.

Wie viele schon durch jene Kugeln starben, die sie zur Rettung ihrer Arbeitsplätze gossen?

Das Hauptwerk des Politikers heißt Maulwerk und spricht für sich. Es kann aus jeder Phrase eine große Idee und aus jeder großen Idee eine Phrase machen.

Typisch für den Politiker ist nicht, daß er eine Partei vertritt, sondern daß er jede vertreten könnte.

Wer seinen Standpunkt wechselt, muß nicht seine Überzeugung wechseln, wenn das Wechseln des Standpunkts zu seiner Überzeugung gehört.

Einst schrien sie Preußen. Dann Deutschland. Heute schrein sie Europa. Wer denkt, ist exterritorial.

*

Das Gegenteil des Organischen ist gewöhnlich das Organisierte: offene Mäuler und vernagelte Köpfe.

Gehört zur Verstaatlichung der Produktionsmittel denn immer auch die des Gehirns?

Auf hohlen Köpfen ist gut trommeln.

Je hohler ein Kopf, desto voller das Echo.

Die meisten Opfer eines gewaltsamen Todes gehen an einem Schlagwort zugrunde.

*

Lichtenberg nennt das Gehen des Menschen auf zwei Beinen eine Erfindung, die ihm Ehre mache. Vom Marschieren hat das immerhin noch niemand behauptet.

Was steckt denn im Wort Soldat? Ehre? Freiheit? Vaterland? Der Sold steckt darin!

Nicht der Kriegskrüppel heißt Staatskrüppel; Staatskrüppel heißt, wer sich weigert, Kriegskrüppel zu werden.

Militär ist dem Feuer verwandt – und Feuer, sagt Hebbel, stirbt, wenn es nicht tötet.

Was gehört mehr als das Militär zu jenen Dingen, von denen Jean Paul meint, man müsse mit ihnen prahlen, um sich ihrer nicht zu schämen?

Ernst Jünger: «Heiliger noch als das Leben muß uns die Würde des Menschen sein.» So ruft man stets, tritt man Menschen mit Füßen. Und tot.

Militär ist die Mystik des Mordes.

Wenn Menschen fallen, steigen die Preise.

Friede ist kaum mehr als Krieg mit anderen Mitteln. Und Krieg die geradlinige Fortsetzung des Friedens. Friede bringt Geld, und Geld bringt Krieg, sagen die Franzosen. Und Brecht: Der Krieg ist nichts als die Geschäfte, und statt mit Käse ist's mit Blei.

Verteidigten alle Patrioten statt ihres Vaterlands die Vernunft, brauchten sie nicht mehr ihr Vaterland verteidigen.

Helden sind Kerle mit schwachem Selbsterhaltungstrieb. Je dümmer, desto tapferer.

Angst macht weitsichtig; Helden sterben an Kurzsichtigkeit.

Hat eigentlich die Skepsis auf die Schlachtfelder geführt oder der Glaube?

Péguy: «Man wird nie kommandiert, wenn man nicht will.» Aber füsiliert, Monsieur!

Wie viele beteten schon vor Altären, auf denen sie geopfert wurden.

Heroismus: weniger der gute Wille zum Selbstuntergang, als der böse zum Untergang der andern.

Ob Denkmäler nachdenklich stimmten, stünde nur noch ihr Sockel?

Vielleicht gewisse Denkmäler niederlegen – anstelle von Kränzen?

Ein Fortschritt, von dem ich träume: daß Politiker nicht mehr die Welt erschüttern, sondern das Zwerchfell.

GESELLSCHAFT, RECHT, NATUR

Nichts schafft mehr Unglück auf Erden als die guten Gewissen auf den sanften Ruhekissen, all die Gewissen derer, die dem Bösen dienen im Glauben, daß es das Gute sei.

Kein größeres Verbrechen als Gleichgültigkeit. Gleichgültigsein heißt unablässig morden.

Wer zufrieden ist mit der Welt, wie sie ist, hat alle mit auf dem Gewissen, die Grund haben, damit unzufrieden zu sein.

«Was ist Wahrheit?» Die Wirklichkeit – das Schlimmste, was man über die Wahrheit sagen kann.

Öffentliches Leben: die Heuchelei, auf die man sich geeinigt hat; ein unerklärter Dauerkriegszustand.

Daß wir, nach Voltarie, die Welt bei unsrem Ausgang genauso dumm und erbärmlich zurücklassen, wie wir sie bei unsrem Eintritt fanden, wäre noch erträglicher, als sie auch in zweitausend Jahren noch genauso dumm und erbärmlich vermuten zu müssen, wie sie schon vor zweitausend Jahren war.

Übersteigt es nicht jedes Vermögen der Menschheit, sich so zu erheben, daß sie moralisch auch nur auf den Hund kommt?

Für die Gesellschaft kämpft nur, wer gegen sie kämpft.

Wer nicht Feind vieler Menschen ist, ist der Feind aller.

*

Realist ist, wer die Dinge nimmt, wie sie sind; vor allem, wenn sie ihm nicht gehören.

Benehmen kommt von nehmen. Wer nahm, wurde vornehm. Nur wer zu wenig nahm, verriet schlechte Kinderstube und endete im Kerker oder am Galgen.

Pleonasmus: Raubritter.

*

Die längsten Finger hat die öffentliche Hand; manchmal heißt sie Treuhand.

Eine Gesellschaft, die wenig oder nichts für ihre Ärmsten tut, tut auf Dauer etwas gegen alle.

Auch verschämte Armut ist die Folge unverschämten Reichtums.

Reichtum ist selten mehr als der Rest von Verbrechen.

Große Vermögen und große Verbrechen gehören gewöhnlich zusammen wie Dotter und Ei.

Gegen Samuel Johnson glaube ich, daß Geldverdienen keine harmlose Sache ist. Und je mehr man verdient, desto weniger harmlos ist es. Und je weniger man verdient, auch.

Ich bezweifle nicht, daß ein Unternehmer Geld ehrenhaft verdienen kann. Ich frage nur: hat er es immer so verdient und wird er es immer so verdienen, ja, ist es überhaupt ehrenhaft verdient, wenn er es zwar ehrenhaft verdient, aber mit zuvor unehrenhaft verdientem Geld?

Auch der Besitz besitzt. Und macht besessen. Je mehr Besitz, desto mehr Besessenheit. Besitz ist also nicht nur das Subsumiertsein einer Sache unter meinen Willen (Hegel), sondern ebenso das Subsumiertsein meines Willens unter eine Sache.

Was man heute Weltanschauung nennt, ist gewöhnlich Geldanschauung.

Schlecht bezahlt ist gleich gut betrogen.

Volkseigentum heißt es, wenn den meisten das wenigste, Privateigentum, wenn den wenigsten das meiste gehört.

Gewiß war der real existierende Kommunismus kein Vergnügen für die Menschen. Aber der Kapitalismus ist für viele auch kein Vergnügen – und für wenige ist auch der Kommunismus ein Vergnügen gewesen.

Der Liberale von heute will frei sein, nicht frei machen. Er will oft mehr Ellenbogenfreiheit als Freiheit des Geistes, mehr leben als leben lassen; stets besser leben jedenfalls als die meisten.

Ich fürchte Zeiten, so unfrei, daß man kaum noch vogelfrei ist, ja, nicht einmal fähig, sich dies zu wünschen.

Noch schlimmer als da, wo es kein Geld gibt, geht es dort zu, wo es viel Geld gibt.

Wer die Welt absahnt, dem ist der Bodensatz Wurst.

Sie vernichten Getreide – und sammeln Brot für die Welt.

Wohin du schaust: Überflüssiges statt Notwendiges. Luxus und Waffen. Absatz und Umsatz. Und während die einen verhungern, sind die andern schon satt, bevor sie zu essen beginnen. (Daß es immer so war, macht es dies besser?)

Alles stieg: das Wachstum, die Spekulation, die Dividende, der Profit. Jetzt steigt die Kriminalität und die Armut – als wäre da ein Zusammenhang.

*

Das Recht ist keine Vorstufe der Gerechtigkeit – es beugt ihr vor.

Das Unrecht ist nicht die Kehrseite des Rechts, sondern dessen Folge, der Wille zur Ungerechtigkeit unter dem Anschein des Rechts.

Recht: oft nur ein andres Wort für Macht.

Recht ist der Fortschritt des Faustrechts in Paragraphen; die Maske der Gewalt.

Recht: eine Prozedur, bei der die Willkür als Kür auftritt.

Ist's Zufall denn, daß recht sich auf schlecht reimt? Daß es uns so oft recht und schlecht geht? Und daß es stets schlechtgeht, wenn's uns recht geschieht?!

Wenn einmal die Gerechtigkeit aufhörte, ihren Lauf zu nehmen, stünde sie nicht besser da?

Frage an Schiller: Kann das Gesetz der Freund des Schwachen sein, wenn es die Mächtigen machen?

Die Bibel lügt. Der Herr schafft nicht jedem sein Recht. Der Herr schafft das Recht der Herren.

Zeitweise amtierten deutsche Richter und Scharfrichter, als hätte man sie im Akkord bezahlt.

Warum maskiert sich die Justiz?

*

Die größten Kloaken sind heute die Fernsehkanäle.

Fernsehanstalt: Unternehmen, das sich von seinen Opfern bezahlen läßt, statt sie abzufinden.

*

Gegenüber dem Tier ist der Mensch Gewohnheitsverbrecher.

Tierfreunde: erst Lämmchen streicheln, dann Lammbraten; erst den Angler anpöbeln, dann Forelle blau.

Geliebter Lichtenberg: Nicht nur *verbrannte* Braten sind viel schlimmer als verbrannte Bücher!

Fleisch macht das Essen nicht schlechter, aber den Esser.

Moralische Bedenken gegen Kalbsbraten? Von seiten der Erzieher nicht. Von seiten der Jurisprudenz nicht. Von seiten der Moraltheologie nicht. Von tausend anderen moralischen Seiten ebenfalls nicht. Von der des Kalbes vielleicht?

Wer Tiere ißt, steht unter dem Tier.

*

Lec schlägt vor, unsere Speisen zu ändern. Statt der sanften Tiere vielleicht die Bestien zu fressen. Deshalb mein Vorschlag: VOM JÄGER: Klassisches Jagdherren-Rumpsteak Mirabeau. Jungjäger in würziger Weidmannssauce. Oder, lecker, Jägerliebchenrücken auf badische Art mit Semmelknödel. – VOM FLEISCHER? Bitte, bitte: Getrüffelter Schlachter Fürstenhof. Herzhafte Metzgermeisterhaxe Bavaria. Metzgerinnenbrustspitzen mit in Butter geschwenktem Stangenspargel. – Noch delikater? Na, dann vielleicht VOM FISCHER: Zartgeschmortes Fischerbaby mit Apfelschnitten und Zwiebelringen. Oder Fischerzunge Klaus Störtebecker in süßer Senfsauce mit Chicoréesalat. – Jäger, Fischer, Fleischer jedenfalls als Grundnahrungsmittel. Doch gibt's viele Kitzel für den Gourmet, jede Menge VERSCHIEDENES: Angler nach Art des Hauses etwa. Veroneser Vogelfängerhaschee. Flambiertes Filetsteak vom Zoodirektor. Fernsehkochlende. Viehhändlerragout mit Backpflaumen. Gedünsteter Cowboy mit Cola aus dem Colt. – Mein eignes Leibgericht? Vivisezierehäppchen nach Pharmaart, zubereitet nach Gusto. Hauptsache: zubereiten solange vorhanden!

Verdient eine Menschheit, die Trilliarden Tiere tötet, nicht eben das, was sie dem Tier antut?

Eine Gesellschaft, die Schlachthäuser und Schlachtfelder verkraftet, ist selber schlachtreif.

Der Mensch, sagt Spengler, ist das Raubtier mit den Händen. Eine euphemistische Metapher, die Banken und Atombombe involviert, Sklaverei und Inquisition, Schlachthäuser und Gaskammern und Genickschüsse und Gentechnik. Das alles ahnt das Raubtier ohne Hände nicht. Es verdummt auch nicht, es betet nicht an, betrügt nicht, lügt nicht, beutet nicht aus, kurz, fast jeden Vorzug hat es außer dem, die Krone der Schröpfung zu sein.

Instinkt – abstrakt: die Fähigkeit, sich zweckmäßig zu verhalten, ohne das Bewußtsein des Zwecks; konkret: das, was den Rest der Affen abhält, Mensch zu werden.

«Alles sollte man dem Menschen opfern. Nur nicht den Menschen.» Lec-Paraphrase zu: Machet sie euch untertan!

Seid furchtbar und mehret euch!

*

In der Atomenergie sehen sie kein Problem. So wenig wie im Krieg – nur in unserem Umgang damit.

Der ethische Mensch ist der Freund der Natur, der technische ruiniert sie: Wälder voller Nimmergrün. Zeiten, wo man das Rauschen der Bäume nur noch auf Tonbändern hört. Und vielleicht sogar das Rauschen des Regens.

Lange gehörte es zum Tröstlichen einer Landschaft, daß sie uns keine Vorwürfe machte.

Was hilft es den Ratten, das sinkende Schiff zu verlassen, inmitten des Ozeans!

Die Herrschaft der Vernunft, wenn es sie je gäbe, machte die Welt nicht zum Paradies, aber bewahrte sie davor, die Hölle zu sein.

RELIGION UND KLERUS

Metaphysik: Philosophie auf der Fahnenflucht.

Ewige Lügen setzen noch keine ewige Wahrheit voraus.

Erfand man je Langweiligeres unter dem Himmel als die Erfindung des Himmels darüber?

Die schönsten Lügen haben immer den Nimbus des Numinosen um sich.

Auch Religion ist nur eine Frage der Geographie. Und des Datums.

Religionen sind Fertighäuser für arme Seelen.

Religionen sind falsche Mittel zur Befriedigung echter Bedürfnisse.

Sowenig man die Liebe den Prostituierten anvertrauen darf, sowenig die Religion den Pfaffen.

Sonntagsaffären nennt Lichtenberg die Religionen, Staatsaffären sind es.

*

Gott ist der einzige Herr der Welt, der weniger zu sagen hat als seine Diener.

Dächte auch nur einer an Gott, ohne zu denken, Gott denke auch etwas an ihn?

Gott ist nicht des Menschen scheußlichste Erfindung, aber sicher die, die er am scheußlichsten mißbraucht.

Gott – das Trojanische Pferd aller Pfaffen.

Was tat Gott eigentlich, bevor er sich erbarmte? Wir wissen es nicht. Doch dann säuberte er die Welt durch die Sintflut. Eine gründliche Aktion. Sie mißlang. So säuberte er sich noch einmal durch sein kostbares Blut am Kreuz. Auch dies schlug fehl. Deshalb säuberten seine Diener weiter: durch Heidenvernichtung, Judenpogrome, Ketzer- und Hexenausrottung, durch Indianer-, Negergemetzel, Kreuzzüge und ungezählte andere Desinfektionen. Hygiene, Hygiene! Auch dies leider vergebens. So säubert der Herr selbst noch einmal durch das Jüngste Gericht, eine saubere Sache. Zuletzt siegt das Gute. Und dann ist alles sauber – bis auf die Hölle; ein dreckiges Loch, Gottes Schandmal durch alle Ewigkeit.

Ein Gott, der die Hölle gemacht, verdiente als einziger darin zu braten.

Was ist selbst die Hölle von Auschwitz neben der ewigen Hölle! Was sind alle Endlösungen neben der Endlösung Gottes!

«Um Gottes willen!» – bedeutet das je etwas Gutes?

Gewöhnlich glaubten die Verbrannten und der Inquisitor an denselben Gott.

Daß Götter stets nur in Menschengestalt kommen, hat noch keinen Gläubigen nachdenklich gemacht.

Wenn das kein Wunder ist: ein toter Gott, ein totes Christentum, eine tote Kirche – und Generationen von Pfaffen, die fort und fort davon leben!

Jeder hat zunächst den Gottesglauben, den man ihm aufgeschwatzt hat; aber allmählich hat er den, den er verdient.

Seit Gott erklärt hat, die Welt sei gut, hat er sich nicht mehr dazu geäußert.

*

Fanatismus ist die Willenskraft der Dummen, derer, die zu allem fähig sind, sonst aber zu nichts.

Christentum – die Religion der Frohen Botschaft mit der Kriegsbemalung. Die Liaison eines Gesangvereins mit einer Feuersbrunst.

Das scheußliche Wort Mischehe stammt aus einer Religion, für die das Wort Mischreligion der reinste Euphemismus wäre.

Es ist bekannt, doch darf daran erinnert werden: Die Freiheit eines Christenmenschen beginnt mit der Zwangstaufe.

Gibt's denn einen Weg der Welt, mehr mit Lügen gepflastert als «der Weg, die Wahrheit und das Leben»?

Das Christentum beruht auf verschiedenen Geboten – dem Gebot der Nächstenliebe, der Feindesliebe, dem Gebot nicht zu stehlen, nicht zu töten, und auf der Klugheit, keines dieser Gebote zu halten.

«Abstrakt genommen ist der Kommunismus christlicher als das Christentum, in der Wirklichkeit soll er zwanzig Millionen Menschen umgebracht haben.» Und das Christentum?

*

Kirchen sind durchaus kein notwendiges Übel, aber das Übel folgt notwendig daraus.

Kirche – eine Praxis, die krank macht, um heilen zu können; die in Nöten hilft, die man ohne sie gar nicht hätte; das Gängeln derer, die noch glauben, durch jene, die es nicht mehr tun.

Lichtenberg teilt die menschliche Gesellschaft in drei Klassen ein:

1. neque ora neque labora,
2. ora et non labora,
3. ora et labora.

Eine Klasse vergaß er. Die beste.

Pastor Raschkes Frau hieß Nora und sein Wahlspruch: Nora et labora.

*

Daß das meiste meiner Kritik am Christentum wenigen bekannt war, bestreite ich nicht. Ich bestreite, daß es den meisten bekannt ist. Und besonders bestreite ich das ihnen Bekannte.

*

Die Bibel, ein seltsames Buch, hat auch seltsame Schicksale. Jahrhundertelang verbot Rom dem Volk, sie zu lesen. Faschistische Regime beschlagnahmten sie. Hitler machte sie, nebst «Mein Kampf», zur Zuchthauslektüre. In Afrika verschwand sie in Lehmziegeln, in der Türkei diente sie als Packpapier, in Lappland zur Fütterung der Schlafsäcke, in China als Kopfkissen, in Arabien als Kamelmistersatz. Benjamin Franklin und Thomas Jefferson zerschnitten sie, sortierten die Verse und klebten, was ihnen gefiel, zu ihrer Bibel zusammen. Und so macht es im Grunde jede Kirche und jeder Christ.

*

Wer immer wieder Abweichungen vom Evangelium beklagt, verkennt, daß Jesus und seine Jünger theologisch noch in den Kinderschuhen steckten und erst viel später die Päpste deutlich zu sagen vermochten, was der Erlöser und seine Apostel eigentlich gemeint, was sie vielleicht nicht so gesagt oder ganz anders gesagt oder überhaupt nicht gesagt haben, weil sie es noch nicht besser oder gar nicht sagen konnten, doch sicher sagen wollten und auch gesagt hätten, wären sie schon so schlau gewesen wie die Päpste.

In Jerusalem opferte sich – dem Vernehmen nach – jemand für andere. In Rom opfert man andere für sich.

Goethe, Dostojewski, Nietzsche, Henry Miller bekennen, käme Jesus wieder, er würde abermals gekreuzigt. Und ein Kurienkardinal ergänzt kompetent: «doch diesmal nicht in Jerusalem, sondern in Rom» (Zitat bei Schmidlin, Papstgeschichte der Neuesten Zeit, 1936, III, 82, Anm. 50).

Alle Kreuzwege führen nach Rom.

*

Wo gibt es noch Zynismen von solch äußerster Menschenverachtung wie unter Christen! Kirchenvater Theodoret: «Die geschichtlichen Tatsachen lehren, daß uns der Krieg größeren Nutzen bringt als der Friede.» Augustinus: «Was hat man denn gegen den Krieg? Etwa daß Menschen, die doch einmal sterben, dabei umkommen?» Luther ruft gar, «den Himmel mit Blutvergießen» zu verdienen, die Bauern «zu würgen, zu stechen, *heimlich* und öffentlich, wer da kann, wie man einen tollen Hund totschlagen muß». «Steche, schlage, würge sie . . ., bleibst du darüber tot, wohl dir; seligeren Tod kannst du nimmermehr überkommen, denn du stirbst im Gehorsam des göttlichen Wortes.» Katholik Chesterton höhnt: «Warum sollte ich nicht den Ausdruck Freie Architektur auf einen Mann anwenden, der im Straßengraben unter einer Zeitung schläft?» Protestant Thielicke lehrt: «Christen . . . haben ihr Handwerk des Tötens immer so verstanden, daß sie es im Namen der Liebe übten!» Jesuit Hirschmann sieht auch die «millionenfache Zerstörung menschlichen Lebens» in einem Nuklearkrieg «der Haltung des heiligen Franziskus» nahe und dem «Geist der Theologie des Kreuzes». Protestant Künneth verkündet – dreizehn Jahre nach Hiroschima: «Selbst Atombomben können in den Dienst der Nächstenliebe treten.» Katholikin Ida Friederike Görres rühmt ihre Kirche: «Mir hat sie Gutes getan . . . Ihre objektiven Sünden, Härten und Häßlichkeiten sind mir daneben wie Fliegendreck auf dem Rembrandtbild . . .» – Und mir wirft man Zynismus vor!

Meine Radikalität ist geistiger Art, die Radikalität der Kirchen geht über Leichen.

Ihre Märtyrer? Die meisten erstunken und erlogen. Bei den echten bedauere ich, daß sie ihr Leben verloren, vor allem, daß sie es auf so dumme Weise verloren haben.

*

Der Kirchenstaat bestand nicht nur aus Kirchen: aus Armeen und Geldsäcken auch, Verhungernden und Kerkern, Waffenfabriken und Folterkammern, aus Freudenhäusern und Scheiterhaufen und riesigen Scharen Versklavter. «Verflucht sei der Mensch, der sein Schwert vom Blut zurückhält!» war das Lieblingswort eines der berühmtesten «Heiligen Väter», Gregors VII. Und Julius' II. Devise: «Wenn Sankt Peters Schlüssel nicht helfen, so helfe mir sein Schwert!» Denn eines nur ist not . . .

Papst Pius XII., der «Angelo bianco», wie Rom, der Mensch «wie ein Lichtstrahl», wie Reinhold Schneider schwärmte, sparte angeblich spartanisch Strom, fror angeblich klammheimlich in Kriegswintertagen und hinterließ bei seinem Tod ein Privatvermögen – angeblich ganz zur Rettung der Juden unter Hitler ausgegeben – von achtzig Millionen DM in Gold und Valuten. Denn eines nur ist not . . .

Des «Stellvertreters» drei Neffen, die Fürsten (dank Mussolinis Gunst!) Marcantonio, Carlo und Giulio Pacelli, sämtlich Großwürdenträger des «Heiligen Stuhles» sowie Präsidenten und Aufsichtsräte maßgeblicher

Banken und Monopolgesellschaften und an fast allen großen Finanzskandalen der italienischen Nachkriegszeit beteiligt, stopften sich unter den Fittichen ihres engelgleichen Oheims, Pastor angelicus, etwa 120 Millionen DM in die fürstlich katholischen Taschen. Denn eines nur ist not . . .

Zwei Mafia-Bankster, beide eng dem Stuhl des Apostelfürsten verbunden, verblichen plötzlich: 1982 Roberto Calvi, der «Bankier Gottes», an einem Strang unter einer Themsebrücke; 1986 Michele Sindona, Freund Pauls VI. und anderer Kurienprominenz, durch Zyankali in einem italienischen Gefängnis. Auch Papst Johannes Paul I. verschied schon nach 33 Tagen Amtszeit im Vatikan – und Erzbischof Marcinkus lebt immer noch. Denn eines nur ist not . . .

Preisfrage der Päpstlichen Akademie der Wissenschaft: Wie viele hundert Millionen Menschen muß unsere heilige katholische Kirche noch verfolgen, einkerkern, massakrieren, muß sie aufs bewährteste um Ruf, Vermögen, alles bringen, um auch künftig Lehrmeisterin der Völker zu sein und die erste Moralinstanz der Welt?

«Es ist möglich, daß eine zukünftige Gesellschaft gesetzliche Tortur wieder einführt, mit dem ganzen Apparat von Folter und Scheiterhaufen.» Das glaubt man Chesterton. (Hat er es nicht gewünscht?)

Monitum 1. Noch immer kein Patron der KZ-Kommandanten! Nehmt ihren frömmsten: Filipović, den Franziskaner. In Jasenovac brachte er 40 000 serbische «Ketzer» um ihren Kopf und starb dafür 1945. Auf die Ehre der Altäre!

Monitum 2. Auch die Henker noch ohne Schutzheiligen. Nehmt Brzica, den Franziskaner-Stipendiaten. Am 29. August 1942 köpfte er in einer Nacht in Jasenovac 1360 Serben. Auf die Ehre der Altäre!

Frieden kannst du nur haben, wenn du ihn gibst, sagt Ebner-Eschenbach. Dies der Grund, warum die christlichen Kirchen nie Frieden haben werden.

Sie verzeihen es mir nie, daß sie so abscheulich sind, wie ich sie geschildert habe.

*

Pleonasmus: scheinheilig.

Heilige sind schlechte Leute, die schlechte Leute für gut erklärt haben, um die Menschheit zu bessern.

Illusionen müssen sterben, damit Menschen leben können. Was den Leuten als heilig im Kopf steckt, gehört herausgeschnitten wie Krebs.

Hätte Baudelaire, den Franz Blei heiliggesprochen wünschte, hätte Baudelaire, der das einzig Interessante auf Erden die Religion nennt, der die Frau verachtet, über «die Notwendigkeit», sie «zu schlagen» schreibt, den erstaunt, daß man Weiber in Kirchen lasse, der im selben Atemzug von der «moralischen Dynamik Jesu Christi» schwärmt und der «schönen Verschwörung ... zur Ausrottung der jüdischen Rasse», der (mehrfach betont) nur drei respektable Typen kennt: Dichter, Priester und Krieger, während er den ganzen «Rest» der Menschheit als «für den Stall» und «für die Peitsche gemacht» ansieht – hätte Baudelaire nicht die Heiligsprechung verdient?

Es gibt 1 hl. Simplex, 2 hl. Primitiva, 5 hl. Primitivus, 12 hl. Simplicius (darunter einen Papst), 1 hl. Kümmernis und 6 «Elende Heilige» – aber das sind sie alle.

Ich glaube, es bleibt sich gleich, ob der Heilige Geist etwas einem Esel in den Mund legt oder ein Esel etwas dem Heiligen Geist.

Wenn die Affen katholisch würden und der Kirche nützten, ich bin sicher, sie spräche einige heilig. – Aber haben wir denn diesen Fall nicht schon?

Von allen Heiligen mag ich allein die heiligen Kühe; doch alle andern Kühe gelten mir genausoviel.

*

Pleonasmus: Aberglaube.

Glaube, die Frucht der Furcht. Der häufigste Zustand partieller Unzurechnungsfähigkeit.

Glaube – der Krückstock, mit dem Lahme ihre Flüge in höhere Welten bestreiten.

Der Glaube versetzt Zwerge.

Es gäbe wenig Gläubige auf der Welt, kennten sie ihre Glaubensgeschichte so gut wie ihr Glaubensbekenntnis.

Der Gläubige braucht nicht Belehrung darüber, wie gut man mit dem Glauben auskommen kann, sondern wieviel besser man ohne ihn auskommt. Der Gläubige muß erfahren, daß er betrogen wird, ob er das zu erfahren wünscht oder nicht.

Daß Glaube etwas ganz anderes sei als Aberglaube, ist unter allem Aberglauben der größte.

Ein Wunder höre, hieß es in Hindustan, der Eunuch hat einen Sohn. – Die Jungfrau auch. Von einer Taube.

Vom Weihnachtsfest zur Himmelfahrt – lauter Plagiate.

Pascal: «Wie hasse ich diese Dummheiten, nicht an die Eucharistie usw. zu glauben! Wenn das Evangelium wahr ist, wenn Jesus Christus Gott ist, was ist dann hier schwierig?» Aber «wenn» scheint nicht nur, wie Hebbel meint, das deutscheste aller Worte zu sein.

Die Heiligenlegenden entlarvte Luther als Märchen. An den Bibellegenden hielt er fest; am Teufelsglauben auch; am Hexenwahn auch; an der Ketzervertilgung auch; am Antisemitismus auch, am Kriegsdienst, an der Leibeigenschaft, den Fürsten. Man nennt es: Reformation.

Man kann so wenig noch einmal glauben, was man wirklich zu glauben aufgehört hat, wie man ein zweitesmal noch lieben kann, was man nicht mehr liebt.

*

Kirchenlieder haben Texte, die selbst der Gläubige nur gesungen erträgt.

Ich mag schöne Landkirchen und sehe selbst häßliche immer noch lieber im Dorf als das Dorf in der Kirche.

Was die Predigt offenläßt, übertönt die Orgel.

Gipsköpfe, die schweigen in Kirchen, sind gefährlicher als die, die dort reden.

Heilige Messe: der Triumph des Knies über den Kopf.

Wallfahrt – sommerlicher Ausflug mit Blaskapelle, immer wieder durch Gebete gestört.

Ich meine, es beeinflußt die Wirkung des Vaterunsers nicht, ob man es vorwärts oder rückwärts betet.

Beten heißt den Himmel melken wollen.

*

Prediger absoluter Wahrheiten sind immer absolute Lügner.

Drei Arten von Menschen werden von Priestern regelmäßig betrogen: junge Menschen, Menschen mittleren Alters und alte.

Die wenigsten ahnen, daß der größte Teil der Klugheit des Klerus in der Dummheit der Laien besteht.

Zu den traurigsten Pfaffentriumphen gehört, daß selbst wachere Köpfe oft die ganze zweite Lebenshälfte brauchen, um den Blödsinn zu vergessen, den sie in der ersten gelernt.

Es gibt kaum einen traurigeren Anblick als eine junge Nonne – ausgenommen eine alte.

Manchmal sehe ich Gesichter unter ihnen, die ich gern im Dienste einer bessern Sache sähe; doch die meisten sehen aus wie die Sache, der sie dienen.

Ihre Demut: der Trick, sich klein zu machen, um groß zu erscheinen; die Gier der Ohnmacht nach Macht; der verkappteste Hochmut, die tiefste Stufe der Heuchelei.

Demut ist nur eine Form der Rache.

Je mehr Würde man für eine Sache aufbietet, desto würdeloser ist sie gewöhnlich.

Vordergründig! So schreit jeder Pfaffe, deckt man seine Hintergründe auf.

*

Theologe – einziger Experte ohne Ahnung von seinem Forschungsobjekt.

Theologen glauben, der Geist weht, wenn sie Windeier legen.

Progressiv – das heißt die Inszenierung etwas ändern, um das Repertoire zu retten.

Ein fortschrittlicher Theologe: ein Widerspruch in sich. Wenn ein Theologe fortschreitet, ist er kein Theologe mehr.

*

Das Beste auf Erden geschieht durch Güte, das Schlimmste oft im Namen des Guten.

Das Christentum hat oft aus der Not eine Tugend gemacht, noch öfter aber aus seiner Tugend eine Not.

Welche Infamie schon das Wort Unschuld! Als begänne jenseits davon – die Schuld.

Jede Josephsehe ist eine Mesalliance. Zum Glück sind die wenigsten Josephsehen Josephsehen gewesen – wie schon die erste.

Wie der Klerus doch, was er im Mutterschoß schützt, preisgibt im Krieg; als sammelte er in Weiberbäuchen – Kanonenfutter.

Nicht die Sexualkunde verdirbt die Minderjährigen – der Religionsunterricht!

Erst wenn man aufhört, sich seiner «Unmoral» zu schämen, schämt man sich ihrer Moral.

*

Gebt Gott, was Gottes, und dem Kaiser, was des Kaisers ist. Das heißt: Was übrig läßt Christus, das holt der Fiskus.

Es ist das ganze Kunststück christlicher Sozialmoral, aus den großen Opfern der Armen für die Reichen kleine Opfer der Reichen für die Armen zu machen.

Sicher an der Erlösung ist nur der Erlös daraus.

Frei nach Faust II: Kirche, Krieg und Kapital, dreieinig sind sie allemal.

*

Wo Klerus herrscht, hat Kreuz kein Ende.

Die guten Christen sind am gefährlichsten – man verwechselt sie mit dem Christentum.

ÜBER MICH SELBST

Ich denke, also bin ich kein Christ.

Ich will lieber mit den meisten irren als auf meine Weise. So dachte Augustinus. Ich denke umgekehrt.

Ich bin anspruchslos, doch schwer zufriedenzustellen. Ich kenne keine richtigen Wege, nur schwere.

Fußangeln lege ich nicht – Minen.

Meine Skepsis bewahrt mich davor, Fanatiker zu werden – wovor noch kein Glaube geschützt hat.

Am wenigsten widerstehen kann ich dem Zweifel. Ich bezweifle alles, selbst meinen Zweifel. Ich glaube wenig und auch das nicht ganz. Skepsis ist für mich keine der «schönen Künste», sondern Teil meiner Existenz.

Ich glaube, daß ein zweifelnder Sinn nicht die Hälfte der Wahrheit ist, sondern die ganze. Fast die ganze.

Jede Ungewißheit, auf die ich stoße, flößt mir mehr Vertrauen ein als alle Gewißheit ringsum.

Lieber in lauter Zweifeln sterben als um den Preis der Lüge in der Euphorie.

*

Ich bin Kritiker, auch meiner selbst. Ich habe ein Schafott in mir.

Ohne mein Herz ertrüge ich meinen Kopf nicht. Und ohne meinen Kopf wäre ich schon längst das Opfer meines Herzens geworden.

Lec konnte sich das Weltende nicht vor dem Sieg der Wahrheit denken. Ich kann mir kaum die Wahrheit denken, geschweige ihren Sieg.

Ich bin neidlos – kaum ein Vorzug; Eitelkeit.

Viel gäbe ich für Gedanken, die ich nicht haben kann, viel dafür, einige, die ich hatte, nicht gehabt zu haben.

Lesen hat nie meinen Schmerz erleichtert. Las ich, litt ich nie sehr, und litt ich, konnte ich nie lesen. Literatur gab mir Trost nur, solang ich keinen brauchte.

*

Mein ganzes Leben geriet ich in Konflikte, die ich vorausgesehen hatte, und je scharfsichtiger ich wurde, desto mehr verschärfte sich meine Situation, als bestünde da ein Zusammenhang.

Kam das Glück, sah es selten wie erwartet aus – das Unglück immer.

Täglich denke ich an meinen Sohn, und denke täglich, nicht wert zu sein, an ihn zu denken. – Ich werde nicht alt, sagte er manchmal, und immer mit jenem winzigen Lächeln, das wie ein Weinen aussah. – Du und deine Bücher, sagte er. Ich las in Büchern, während er zugrunde ging.

Jeden Augenblick hätte ich für meine Kinder mein Leben hingegeben, für die ich doch nur Augenblicke meiner Zeit hergab.

*

Einst saß ich, starrte auf Tausende von Büchern in meinem Haus und überschlug, wie viele Hungernde der Nerz einer Freundin satt machen könnte.

Ich weiß, es ist so viel wichtiger, gut zu sein als gut zu schreiben, und doch war es mir immer so viel wichtiger, gut zu schreiben als gut zu sein.

Je älter ich werde, desto mehr glaube ich, daß die kleinste Hilfe oft mehr taugt als der größte Gedanke.

*

Wo keine Eifersucht ist, mißtraue ich der Liebe, und wo sie ist, mißtraue ich ihr auch.

Mein alter Wunsch, an eine Nymphomanin zu geraten, erlosch noch vor dem Morgengrauen (!) der Nacht, in der ich unter eine geriet.

*

Ich finde es nicht nur schöner, sondern auch nützlicher, meinem Hund zu folgen als der Obrigkeit.

Ich habe nichts gegen eine Partei. Ich habe etwas gegen alle.

Ich habe nicht die Phantasie, mir die Unterwelt schlimmer vorzustellen als die Etagen darüber.

Ich würde jedem Diktator huldigen, der als erstes den Unbekannten Soldaten abschaffte – und alle bekannten dazu. Alle Schlächter und alle Schlachter.

*

Ungetrübte Liebe – wie ich für meinen Hund empfinde und er, so hoffe ich, für mich.

Ich triumphiere nicht, wenn der Stier den Torero tötet; endet's aber wie gewöhnlich, trauere ich um den Stier.

*

Die Geheimnisse der Welt ertrage ich gut; nicht die Erklärungen dafür.

Ich würde mich für viele Ideen begeistern, wären nicht deren Verfechter.

Ich vertrete vieles mit vielen, die ich nicht vertreten möchte.

Vieles bewundere ich zwischen Himmel und Erde; doch nichts bewundere ich weniger als die Wunder der Religionen.

Einziger Grund, warum ich kein Kommunist bin: die Kommunisten. Der Grund, warum ich kein Christ bin: das Christentum.

Ich kann die «großen Wahrheiten» nicht sehen, schon wegen des Blutes daran.

Despotismus hasse ich – selbst den der Vernunft. Wer nur Vernunft kennt und nichts als Vernunft, kann nicht viel Vernunft haben.

Die Naturwissenschaft, sagt Max Planck, brauche der Mensch zum Erkennen, die Religion zum Handeln. Ich hatte weder diese noch jene und war weder untätig noch dumm.

Wer mich nicht liest, weil er um seinen Glauben bangt, ahnt offenbar, daß meine Bücher mehr Vertrauen verdienen als sein Glaube.

Ich lasse mich bezahlen, nicht kaufen. Ich brauche keine Arbeit, um Geld zu bekommen, sondern Geld, um arbeiten zu können.

Ich hatte keine Zeit, mich um Gott zu kümmern; doch für seine Diener nahm ich sie mir. Wer aber ohne jede Anfechtung aufklärt und Trauer, ist mir fremder als der religiöse Mensch.

Konfutse flößt mir fast nur Abneigung ein, Widerspruch. Doch ganz wie er könnte ich sagen: Ich bin nie müde geworden zu lernen, um andere zu lehren, was ich gelernt habe. Dies sind meine einzigen Verdienste.

Allmählich unterscheide ich immer schwerer, wo auf dieser Welt das Theater endet und die Wirklichkeit beginnt.

Was ich lernte? Von der Philosophie, mein Leben nicht mit Philosophie zu verbringen, und vom Leben, immer weniger vom Leben zu begreifen.

Wenn Glück heißt, seine Grenzen kennen und sie lieben, kann ich nicht glücklich sein.

Der einzige Glaube, den ich mir wünschte, wäre der an mich selbst.

*

Allein bin ich manchmal einsam; mit andern oft; in Gesellschaft fast immer. Was mich mehr als alles krank macht, sind die unheilbar Gesunden.

Etwas ähnele ich dem Narren Marc Aurels, der im Winter nach frischen Feigen suchte – vielleicht meine größte Torheit. Und vielleicht meine schönste.

Licht ist meine Lieblingsfarbe.

Ich bin froh, nicht mehr zu leben, wenn man Bäume in Museen zeigen wird . . . Aber gerne lebte ich in Zeiten, wenn aus Museen wieder Bäume wachsen.

Man hat gesagt, nichts sei trauriger als der Tod der Illusion. Für mich war der Tod eines Hasen, eines kleinen Vogels, war der Tod eines jeden Tieres, das ich sterben sah, unendlich trauriger als der Tod aller Illusionen, die ich hatte.

Ich liebe das Wort von Francis Picabia: Manche werden jünger, indem sie altern, es sind diejenigen, die an nichts mehr glauben.

Nichts in meinem Leben fehlt mir weniger als Gott.

Wenig ist so schlimm, als am Ende seines Lebens zu erkennen, nicht gelebt zu haben. Dies ist vielleicht schlimmer, als es nie zu erkennen. Am schlimmsten aber, schon früh zu begreifen, daß man lebt, ohne zu leben – und doch so zu leben.

Illusionen: keine. Hoffnung: kaum noch. Pläne: immer mehr. Und Zeit: immer weniger.

Wie könnte ich glauben, es werde, früher oder später, besser, wenn ich bezweifle, daß es je besser wird – und doch mühte ich mich ein Leben lang, daß es besser werde, eher früher als später.

Von Zweifel zu Zweifel, ohne zu verzweifeln. Im Grunde bin ich ein aus lauter Zweifeln bestehender gläubiger Mensch.

Mein ganzes Leben sägte ich an dem Ast, auf dem ich hätte sitzen können. Und wenn ich könnte, ich täte es noch einmal.

ÜBER DEN AUTOR

Karl Heinrich Leopold Deschner wurde am 23. Mai 1924 in Bamberg geboren. Sein Vater Karl, Förster und Fischzüchter, katholisch, entstammte ärmsten Verhältnissen. Seine Mutter Margareta Karoline, geb. Reischböck, protestantisch, wuchs in den Schlössern ihres Vaters in Franken und Niederbayern auf. Sie konvertierte später zum Katholizismus.

Karlheinz Deschner, das älteste von drei Kindern, ging zur Grundschule in Trossenfurt (Steigerwald) von 1929 bis 1933, danach in das Franziskanerseminar Dettelbach am Main, wo er zunächst extern bei der Familie seines Tauf- und Firmpaten, des Geistlichen Rats Leopold Baumann, wohnte, dann im Franziskanerkloster. Von 1934 bis 1942 besuchte er in Bamberg das Alte, Neue und Deutsche Gymnasium als Internatsschüler bei Karmelitern und Englischen Fräulein. Im März 1942 bestand er die Reifeprüfung. Wie seine ganze Klasse meldete er sich sofort als Kriegsfreiwilliger und war – mehrmals verwundet – bis zur Kapitulation Soldat, zuletzt Fallschirmjäger.

Zunächst fernimmatrikuliert als Student der Forstwissenschaften an der Universität München, hörte Deschner 1946/47 an der Philosophisch-theologischen Hochschule in Bamberg juristische, theologische, philosophische und psychologische Vorlesungen. Von 1947 bis 1951 studierte er an der Universität Würzburg Neue deutsche Literaturwissenschaft, Philosophie und Geschichte und promovierte 1951 mit einer Arbeit über «Lenaus Lyrik als Ausdruck metaphysischer Verzweiflung»

zum Dr. phil. Einer im selben Jahr geschlossenen Ehe mit Elfi Tuch entstammen drei Kinder, Katja (1951), Bärbel (1958) und Thomas (1959 bis 1984).
Von 1924 bis 1964 lebte Deschner auf einem früheren Jagdsitz der Würzburger Fürstbischöfe in Tretzendorf (Steigerwald), dann zwei Jahre im Landhaus eines Freundes in Fischbrunn (Hersbrucker Schweiz). Seitdem wohnt er in Haßfurt am Main.
Karlheinz Deschner hat Romane, Literaturkritik, Essays, Aphorismen, vor allem aber religions- und kirchenkritische Geschichtswerke veröffentlicht. Auf über zweitausend Vortragsveranstaltungen hat Deschner im Laufe der Jahre sein Publikum fasziniert und provoziert.
1971 stand er in Nürnberg «wegen Kirchenbeschimpfung» vor Gericht.
Seit 1970 arbeitet Deschner an seiner großangelegten «Kriminalgeschichte des Christentums». Da es für so unruhige und beunruhigende Geister wie ihn keine Posten, Beamtenstellen, Forschungsstipendien, Ehrensolde, Stiftungsgelder gibt, war ihm die ungeheure Forschungsarbeit und Darstellungsleistung nur möglich dank der selbstlosen Hilfe einiger seiner Leser, vor allem zweier großherziger Freunde und Mäzene, erst des Bankiers Alfred Schwarz (zuletzt Luzern), der das Erscheinen des ersten Bandes im September 1986 noch mitgefeiert, den zweiten Band aber nicht mehr miterlebt hat, dann des deutschen Unternehmers Herbert Steffen.
Im Sommersemester 1987 führte Deschner an der Universität Münster einen Lehrauftrag aus zum Thema «Kriminalgeschichte des Christentums».
Für sein aufklärerisches Engagement und für sein literarisches Werk wurde Karlheinz Deschner 1988 – nach Koeppen, Wollschläger, Rühmkorf – mit dem Arno-Schmidt-Preis ausgezeichnet, im Juni 1993 – nach Walter Jens, Dieter Hildebrandt, Gerhard Zwerenz, Robert Jungk – mit dem Alternativen Büchnerpreis und im Juli 1993 – nach Sacharow und Dubček als erster Deutscher – mit dem International Humanist Award.

DAS LITERARISCHE WERK KARLHEINZ DESCHNERS

Die Buchveröffentlichungen in zeitlicher Reihenfolge der Erstauflagen:

1956 Die Nacht steht um mein Haus
1957 Was halten Sie vom Christentum?
1957 Kitsch, Konvention und Kunst
1958 Florenz ohne Sonne
1962 Abermals krähte der Hahn
1964 Talente, Dichter, Dilettanten
1965 Mit Gott und den Faschisten
1966 Jesusbilder in theologischer Sicht
1966 Das Jahrhundert der Barbarei
1968 Wer lehrt an deutschen Universitäten?
1968 Kirche und Faschismus
1969 Das Christentum im Urteil seiner Gegner, Band 1
1970 Warum ich aus der Kirche ausgetreten bin
1970 Kirche und Krieg
1971 Der manipulierte Glaube
1971 Das Christentum im Urteil seiner Gegner, Band 2
1974 Das Kreuz mit der Kirche
1974 Kirche des Un-Heils
1977 Warum ich Christ/Atheist/Agnostiker bin
1981 Ein Papst reist zum Tatort
1982 Ein Jahrhundert Heilsgeschichte, Band 1

1983 Ein Jahrhundert Heilsgeschichte, Band 2
1985 Nur Lebendiges schwimmt gegen den Strom
1986 Die beleidigte Kirche
1986 Kriminalgeschichte des Christentums. Band 1
1987 Opus Diaboli
1988 Kriminalgeschichte des Christentums, Band 2
1989 Dornröschenträume und Stallgeruch
1990 Woran ich glaube
1990 Kriminalgeschichte des Christentums, Band 3
1992 Der Moloch
1994 Die Vertreter Gottes
1994 Ärgernisse. Aphorismen
1994 Kriminalgeschichte des Christentums, Band 4
1994 Was ich denke